INDICE

Marshall Rosenberg

Nato in Ohio da genitori di origine ebraica e cresciuto in un quartiere popolare di

Detroit, spesso al centro di forti contrasti razziali tra bianchi, neri e altre etnie.

Ebbe un'infanzia complessa in quartieri *difficili* e caratterizzati da violenza tra gang e razzismo. Lui stesso aveva un carattere violento e racconta di scoppi di rabbia e scontri fisici ripetuti a causa delle discriminazioni che pativa da giovane.

Racconta di aver osservato **persone che godono della violenza e allo stesso tempo di persone che perseguono con piacere la pace.**

Si chiese cosa ci porta da una parte a godere della violenza e cos'è che ci permette dall'altra di rimanere in contatto con noi stessi in situazioni difficili, ad essere empatici. Nato inizialmente come curiosità, coltivò il dubbio alimentato quotidianamente dalla situazione conflittuale in cui viveva e dagli stimoli pacifici ispirati dallo zio. Scelse per questo la facoltà di psicologia e lavorò come psicoterapeuta per alcuni anni.

Rosenberg ha dato vita a numerosi programmi di pace anche in paesi lacerati dai conflitti: Serbia, Croazia, Irlanda del Nord, Medio Oriente, Colombia, Malesia, Indonesia, Burundi, Ruanda, Nigeria, Sierra Leone, Sri Lanka, Israele.

In Jugoslavia ha formato decine di migliaia di studenti ed insegnanti tramite un programma finanziato dall'UNESCO. Ha fatto parte del Comitato di patrocinio del Coordinamento internazionale per il Decennio delle Nazioni Unite. Marshall Rosenberg muore nel febbraio 2016

Rosenberg definisce **modo abituale** ciò che abbiamo imparato e **modo naturale** ciò che appartiene naturalmente all'essere umano

Alla base del suo pensiero c'è dunque una visione specifica dell'essere umano, quella che *tutti* gli umani tendano alla vita, più precisamente che ognuno di noi, in ogni momento faccia la cosa migliore che sa fare, faccia del suo meglio possibile, per prendersi cura di un bisogno vivo in quel momento.

Considerando che l'uomo nasce dotato naturalmente di propensione al prendersi cura di bisogni, al contribuire a soddisfarli, Rosenberg osserva la necessità di pace nella società e con il suo modello CNV propone di comprendere le cause e i motivi di come invece siamo stati abituati a pensare, comunicare e fare.

La Comunicazione empatica è un modello linguistico e non una teoria scientifica, un modello basato su una specifica visione a cui si può scegliere o meno di aderire, un modello adottabile o meno.

Su questa base si può chiarire l'obiettivo della CNV, che esclude l'imposizione di modi e regole (far fare all'altro quello che voglio io, ciò che io ritengo sia giusto, auspicabile, corretto), piuttosto quello di far riemergere e allenare la nostra capacità empatica innata, è quello di entrare in connessione empatica con noi stessi e gli altri, la ***heart to heart connection.***

Questa modalità può apparire scomoda, può confonderci, abituati come siamo alla necessità di dover individuare in ogni istante cosa sia giusto e cosa sia sbagliato, in modo da pretendere da noi stessi e dagli altri comportamenti adeguati e corretti: occorre tempo per comprendere completamente la CNV per abbandonare lo sconcerto iniziale.

Questa formazione, attraverso lo studio e l'impiego dei 4 passi, ha lo scopo di allenare un spostamento di intenzione, una nuova postura, dimenticandoci di cosa sia giusto o sbagliato, per vedere ciò che è vivo, ciò che pulsa, ciò che spinge ad agire, parlare, pensare.

Basato su soli 4 passi da imparare, lo strumento della CNV è tanto essenziale e semplice, quanto sfidante in quanto tocca aspetti radicati, chiede di modificare le nostre abitudini più profonde, il nocciolo da cui provengono a cascata i nostri pensieri ed azioni.

Si tratta di allenare la nostra capacità e vedere diversamente le cose, ampliare il vocabolario, spostare l'attenzione su aspetti diversi da quelli a cui siamo abituati.

Se l'obiettivo della CNV è quello di entrare in connessione reciproca, di comprendere ciò che muove e sottostà, andrà ad individuare quali siano i meccanismi automatici e a cui siamo completamente abituati, che ostacolano questa connessione.

Linguaggio di processo

La comunicazione empatica è un modello comunicativo definito **di processo**, ovvero potremmo descriverlo come non è lineare bensì ellittico.

Ciò che si può osservare assomiglia ad un'onda ellittica e continua che entra ed esce tra le parti mettendole in contatto in modo dinamico e continuo.

La comunicazione empatica è dunque un linguaggio costantemente in adattamento e trasformazione. Allo stesso modo anche la didattica di questo linguaggio non segue una linea lineare bensì tornerà costantemente, come un'onda, a toccare e ritoccare gli elementi che lo compongono, per comprenderne ogni volta più in profondità i significati e le connessioni, man mano che si avanza con l'acquisizione dei concetti.

Vi chiedo di sospendere momentaneamente il giudizio quando non vi sarà tutto perfettamente chiaro, in quelle fasi dove sarà necessario tornare e ritornare altre volte sui concetti per arrivare a comprenderli profondamente e connetterli al tutto.

La comprensione della struttura del processo della comunicazione empatica si andrà costruendo man mano, raggiungendo sempre più struttura e solidità, fino alla comprensione completa.

SCIACALLO E GIRAFFA

Rosenberg chiama la CNV (comunicazione non violenta) Linguaggio Giraffa, utilizzando la metafora della giraffa per renderlo più giocoso e comprensibile, impiegando questo animale che grazie alle sue caratteristiche:

- vede lontano per il collo lungo, per cui è in grado di avere una visione più ampia della situazione

- ha un cuore molto grande, per cui la *connessione del cuore*

- ha molta forza (i suoi calci sono terribili), quindi è padrona del proprio potere e della propria forza (non va a caccia di leoni eppure un calcio di giraffa può ammazzarlo)

e si distingue dal Linguaggio Sciacallo.

Il linguaggio sciacallo è il modo abituale di comunicare, il linguaggio giraffa la CNV. Non c'è un giusto e uno sbagliato, sono due modi diversi. Noi vogliamo bene allo sciacallo, diciamo che lo sciacallo è una giraffa con problemi di comunicazione e, quando avviene, ci godiamo lo *Show dello sciacallo:*

La comunicazione empatica è un modello linguistico che si interessa alle **emozioni** e ai **bisogni** e che si basa su alcune premesse:

1. Il primo principio è che **i bisogni sono condivisi da tutti gli esseri umani.**

2. Il secondo è che **i bisogni possono essere soddisfatti o non soddisfatti**

3. Il terzo è che **i bisogni si evidenziano attraverso le emozioni**, che appunto, possono essere piacevoli o spiacevoli a seconda se i bisogni sono soddisfatti o non soddisfatti.

4. Il quarto principio è che **l'essere umano in ogni momento della sua esistenza fa costantemente del suo meglio per soddisfare il bisogno che in quel momento è vivo** (non è soddisfatto).

Un'altra premessa fondamentale è che uno dei bisogni principali dell'essere umano e quello di contribuire alla vita. Più precisamente, come abbiamo detto prima, in ogni momento fa il suo meglio possibile, per prendersi cura del bisogno vivo in quel momento.

Marshall Rosenberg dice che i conflitti esistono a livello delle strategie e non a livello dei bisogni. Perché i bisogni sono tutti compatibili, i bisogni sono condivisibili, sono le strategie che possono confliggere.

Il linguaggio Sciacallo È la modalità abituale di comunicare e relazionarsi, quella con cui siamo stati educati e a cui siamo abituati, quella che usiamo abitualmente. Il linguaggio sciacallo non permette la connessione.

Le quattro A del Linguaggio Sciacallo:

- Analizzare → giudizi, critiche, etichette, torto o ragione

- Assenza di responsabilità → responsabilità delle nostre emozioni

- Avanzare pretese → Pretendere che l'altro faccia ciò che noi vogliamo

- Assegnare meriti e colpe → esprimere meriti o demeriti

Mentre il linguaggio sciacallo ci aliena dalla vita, dice Rosenberg, quello giraffa permette di connetterci. La CNV favorisce l'espressione dei sentimenti e dei bisogni e invita alla vulnerabilità trasformandola in forza.

Permette di pensare diversamente, di usare un linguaggio nuovo che implica una scelta responsabile, grazie ad una comunicazione empatica.

Per impiegare la CNV occorre ampliare il proprio vocabolario abituale rispetto ai sentimenti e ai bisogni e imparare a riconoscerli. Prevede l'allenamento a cogliere ciò che è vivo in noi nel "qui e ora", nel momento esatto in cui lo proviamo.

I 4 PASSI DELLA COMUNICAZIONE EMPATICA

- Osservazione ≠ Interpretazione

- Sentimento/Emozione ≠ Falso sentimento

- Bisogno ≠ Strategia

- Richiesta ≠ Pretesa

1. OSSERVAZIONE dello stimolo ≠ valutazione

Nella fase dell'osservazione descrivo le azioni concrete che vedo

(vedo, sento, mi ricordo, immagino, etc.) senza le mie valutazioni:

"Quando vedo (sento, mi ricordo, ecc.)..."

Descrivo le azioni concrete che l'altro penso stia osservando senza aggiungere le mie valutazioni:

"Quando tu vedi (senti, ti ricordi, ecc.)..."

2. SENTIMENTI ≠ pensieri

In questa fase descrivo come mi sento (emozione o sensazione, non il pensiero)

Immagino come l'altro si sente in relazione a ciò che osservo

"...mi sento..." "...ti senti..."

3. BISOGNI – VALORI ≠ STRATEGIA

In questa fase dichiaro quello di cui io ho bisogno o che riguarda i miei valori (non una preferenza o una azione precisa) e che è la causa dei miei sentimenti:

"... perché il mio bisogno di ..."

"... è/ non è soddisfatto..."

4. RICHIESTA ≠ pretesa

In questa fase posso fare una richiesta concreta di ciò che potrebbe contribuire alla mia vita senza che sia una pretesa. Immagino empaticamente ciò che potrebbe contribuire alla vita dell'altro senza sentire una pretesa verso di me:

"...e vorrei (mi piacerebbe)...

.............(che ne dici?/saresti d'accordo?)"

"...e vorresti (ti piacerebbe) ?"

IL PROCESSO

La comunicazione empatica e composta da quattro passi, quattro passaggi in sequenza elementari e semplici.

Una volta imparata la tecnica e presa dimestichezza con questi quattro passaggi sarà possibile, proprio come capita in qualunque tecnica, di farla propria e di caso per caso e eliminare e alcuni passaggi che vedremo in seguito.

Ad esempio a seconda del contesto si può decidere di non comunicare ad esempio l'emozione o il bisogno e questo allo scopo di rendere spontanea e quotidiana l'applicazione della comunicazione empatica.

Sempre che sia mantenuto l'intento, ovvero quello di creare connessione senza avere già in mente che cosa si vuole che l'altro faccia pensi o dica.

1.OSSERVAZIONE

Osservare ciò che c'è senza interpretare. Osservare i fatti e non le opinioni. Separare l'osservazione dall'interpretazione.

Esempio in linguaggio abituale

Entro in camera di mia figlia e le dico:

'Sei proprio disordinata, basta metti a posto che hai una camera da schifo.'' Non si crea

connessione e la risposta è: "Fuori dalla mia camera!''

Di fronte a questo esempio come possiamo utilizzare la CNV per creare contribuire ad una connessione reciproca tra madre e figlia ed esprimere quello che vogliamo senza creare chiusura?

La prima cosa e separare l'osservazione dall'interpretazione il primo passo dei quattro passi della CNV. Un primo passo che nella nostra mente probabilmente suona strano, a cui non siamo abituati.

È probabile che invece siamo stati allenati ad individuare il giusto e lo sbagliato sempre, e questo ci può aver portato a confondere le due cose: l'osservazione con l'interpretazione.

DISTINZIONE FATTI/OPINIONI E DISTINZIONE ESSERE/FARE

Apro una parentesi per condividere con voi due riflessione che arrivano dal coaching ontologico.

In Coaching si dice che i fatti, che possono essere veri o falsi, sono ciò che oggettivamente osserviamo a differenze delle opinioni che sono dei pensieri che nascono in relazione alla nostra struttura personale, dal nostro vissuto ecc....

Altra distinzione interessante, secondo me, è quella tra essere e fare.

In Coaching si dice che l'essere potrebbe essere un enorme contenitore dove all'interno ci mettiamo i nostri valori, le nostre competenze, le nostre ambizioni mentre il fare è quello che sta intorno al contenitore. Per fare un esempio dire ad una persona "sei disordinata" è diverso da dire "quando entro in camera tua e vedo la camicia sulla sedia invece che nell'armadio a me da un senso di disordine".

Esempio in CNV:

Entro in camera di mia figlia e le dico: ''Quando entro e vedo la coperta a terra, i vestiti usati arrotolati sulla tua sedia e la tazza di ieri sulla scrivania…..

''Non interpreto i fatti dicendo che la stanza è disordinata (per me potrebbe esserlo, per mia figlia no): osservo e indico elementi reali, dei fatti. Non riferisco alla persona (sei disordinata), riferisco che ha compiuto azioni precise.

Mi viene spontaneo pensare che mia figlia è disordinata? Vediamo come modificare questa interpretazione in un'osservazione.

Cos'è che osservo che mi porta a pensare che mia figlia sia disordinata?

In questo caso si tratta della coperta a terra, i vestiti usati arrotolati sulla sedia e la tazza di ieri sulla scrivania.

Quindi metto l'attenzione lì è descrivo in parole esattamente ciò che vedo con l'osservazione. Ovvero quando entro in camera tua e vedo la coperta a terra, i vestiti usati arrotolati sulla tua sedia e la tazza di ieri sulla scrivania….

Questa è l'osservazione: 'sei disordinata', 'la camera è disordinata', 'la camera fa schifo, sono interpretazioni.

Pensiamo davvero che esistano persone pigre, persone disordinate, persone sbagliate…?

O pensiamo che le persone compiano delle azioni invece di altre, intercambiabili, che potrebbero produrre risultati diversi, che si possono richiedere e che non impattino sul valore della persona?

Quando diciamo 'sei disordinata' 'la camera è un macello, stiamo esprimendo interpretazioni personali con le quali interpretiamo i fatti, esprimiamo opinioni che vogliamo 'spacciare per fatti.

- ✓ OSSERVARE crea connessione (=vediamo tutti e due la stessa cosa)
- ✓ INTERPRETARE crea sconnessione (=irrita, allontana, fa venir voglia di discutere per avere ragione)

ESEMPI COMUNI DI INTERPRETAZIONI E GENERALIZZAZIONE

1.non metti mai abbastanza sale → mi piacciono i cibi salati

2.Ti dimentichi sempre di pagare la bolletta → hai pagato la bolletta in ritardo come a Gennaio

3.Arrivi spesso in ritardo → questa settimana sei arrivato 2 volte dopo le 9

4.Ogni volta che lavi i piatti ne rompi uno → hai rotto il terzo piatto

SPACCIARE OPINIONI PER FATTI

1.Arrivare puntuali è assolutamente necessario → per me la puntualità è molto importante

2. Risparmiare è sicuramente il modo più giusto per gestire le proprie finanze → Secondo me se si risparmia si riesce a gestire meglio le finanze

2. SENTIMENTI/EMOZIONI

Questo secondo passo mi permette di esprimere come mi sento, l'emozione che provo a seguito di ciò che osservo. Esprimere la propria emozione 'in modo autentico e responsabile', escludendo emozioni che possono far sentire responsabile l'altro.

Esempio in linguaggio abituale

Entro in camera di mia figlia e le dico:

"Sei proprio disordinata, basta metti a posto che hai una camera da schifo. Mi sento la serva di

tutti qui dentro."

Proseguendo il nostro esempio, come possiamo impiegare la CNV per esprimere emozioni che non siano recepite come un'accusa dall'altro?

Esempio in CNV

Entro in camera di mia figlia e le dico: "Quando entro e vedo la coperta a terra, i vestiti usati arrotolati sulla tua sedia e la tazza di ieri sulla scrivania, **mi sento stanca e dispiaciuta..**"

Io mi prendo la responsabilità del mio stato d'animo della mia emozione a seguito di ciò che osservo. In questo modo non viene percepita una critica perché non sto esprimendo un giudizio sulla persona: sto esclusivamente riportando ciò che vedo.

Non sto dicendo che l'altra persona mi sta procurando uno stato d'animo, sto dicendo che lo stato d'animo è mio, sono io che mi sento in un determinato modo ad osservare una determinata cosa. Osservati ed espressi i fatti, esprimo come in questa situazione io mi sento (stanca, dispiaciuta) e non un, quelli che Rosenberg chiama, 'falso sentimento', un'interpretazione mentale delle nostre emozioni. Ad esempio ci potrebbe venire in mente di dire quando entro e vedo i vestiti per terra io mi sento sfruttata.

Esprimendo ad esempio che ci si sente *sfruttata* non esprimiamo un'emozione propria, piuttosto un'interpretazione e che coinvolge l'azione dell'altra persona, in questo caso può essere ricevuto come un giudizio e una critica.

EMOZIONE crea connessione (=ti faccio sapere come mi sento)

FALSO SENTIMENTO crea sconnessione (=ti accuso di avermi causato uno stato d'animo sgradevole, di avermi sfruttata)

LA RESPONSABILITÀ DELLE EMOZIONI

Non ci sono emozioni adeguate o emozioni non adeguate in valore assoluto, è solo il soggetto che sa che emozione prova o non prova.

Nessuno potrà dire a qualcun altro, ad esempio, che non è il caso di sentirsi in tal modo, o che non dovresti sentirti così in questa situazione, e così via...

Allo stesso modo è bene tenere a mente che per la CNV le emozioni non vengono provocate né da fatti né da persone esterne: fatti e persone esterne sono soltanto degli stimoli per le nostre emozioni.

Di fatto le nostre emozioni sono completamente prodotte da noi che reagiamo agli stimoli esterni in maniera personale unica.

Questo lo si capisce ad esempio pensando al fatto che allo stesso stimolo due persone possono reagire con emozioni differenti, oppure in presenza dello stesso stimolo noi possiamo avere emozioni diverse a seconda del nostro stato d'animo, della situazione, ecc....

Ad esempio se entro in cucina e vedo e le briciole per terra dopo che ho lavorato tutto il giorno e sono stanca posso sentirmi abbattuta e arrabbiata mentre le stesse briciole una sera che entro in casa con una bella notizia, un bell'evento da comunicare ai miei figli, le stesse briciole sullo stesso pavimento non mi procurano la stessa emozione fastidiosa.

COME STAI?

Alla domanda come stai noi rispondiamo solitamente bene o al massimo male o anche tutto nella norma.

Come se ci fossero altre possibilità, ovvero riduciamo a pochissime emozioni i nostri stati d'animo. In realtà le emozioni sono tantissime e in continua mutazione, vengono prodotte nel corpo e, a starci attenti, è il nostro corpo a segnalarci in ogni momento come si sente e cosa prova.

Questo perché il corpo reagisce costantemente agli stimoli esterni che mutano di continuo.

A seguito di uno stimolo, di una sensazione, di una percezione corporea proviamo uno stato d'animo. Nei fatti, continuamente proviamo almeno una percezione corporea, anche se non ce ne rendiamo conto: magari le spalle sono pesanti, la testa confusa e dolorante, la pancia in tensione, il collo rigido, le gambe formicolanti, le mani fredde...

Se ci fermiamo a percepire il corpo vi percepiamo dunque delle sensazioni ed è dalle sensazioni/ percezioni corporee che nascono le emozioni.

È possibile che siamo poco allenati ad ascoltarle, a riconoscerle, a distinguerle e di conseguenza a nominarle.

Potrebbero apparirci un po' tutte uguali, sconosciute, difficili da interpretare e probabilmente abbiamo poca abitudine ad esprimerle a noi stessi, magari nessuna di esprimerle agli altri. Il fatto che noi siamo poco abituati a comunicare le nostre emozioni consiste probamente nella consuetudine che le emozioni non siano un comune argomento di conversazione: difficilmente ci viene chiesto che cosa proviamo come ci sentiamo.

E prova ne abbiamo quando invece le esprimiamo: è più comune incontrare un interlocutore che si imbarazza o non sa che fare, piuttosto che un ambiente accogliente e adatto a ciò.

La mamma chiede raramente al bambino come si sente, come sta, che cosa prova.

Raramente suggerisce uno stato d'animo o un sentimento, cosa che contribuirebbe a formare e arricchire il vocabolario delle emozioni: non nominandole, non inserendole nella conversazione madre/figlio, le emozioni non prendono forma e nemmeno nome.

Puoi fare la prova: se chiedi a qualcuno come sta come si sente, tipicamente ti senti rispondere con un pensiero, non con un'emozione.

Non ti risponderà [sono triste, o appagato, o preoccupato, entusiasta, stanco, emozionato...] ti risponderà [ho apprezzato la lezione, credo che sia giusto/ utile/opportuno, ho fatto tesoro dell'esperienza, sono certo di aver capito il messaggio...]

Ecco che l'allenamento proposto dalla CNV ad ascoltare e a comunicare le proprie emozioni diventa cruciale: attraverso l'ascolto delle trasformazioni nel corpo diventiamo abili ad individuare l'emozione che giunge e di che emozione si tratta. L'intento della CNV è quello di connettersi con le emozioni, di riconoscerle, di nominarle e di imparare a comunicarle.

A QUESTO PUNTO SI AGGIUNGE IL TERZO PASSO: IL BISOGNO

Il bisogno per la CNV può essere soddisfatto o non soddisfatto. Nel primo caso proviamo nel corpo emozioni piacevoli, nel secondo emozioni spiacevoli.

Io mi sento stanca e dispiaciuta (Emozione) quando vedo la coperta per terra in camera tua (Osservazione) perché ho bisogno di collaborazione di armonia di ordine di aiuto (Bisogno).

Ben diverso dalla frase:

Sono frustrata perché sei disordinata, metti a posto la camera che fa schifo.

I bisogni sono la causa delle emozioni: la causa dei nostri sentimenti non è un'altra persona bensì sono proprio i bisogni, se sono soddisfatti o non soddisfatti.

I bisogni soddisfatti producono emozioni piacevoli (ci sentiamo felici, ottimisti, grati, benevoli, attivi...) i bisogni non soddisfatti producono emozioni spiacevoli (ci sentiamo addolorati, tristi, in pericolo, scontenti, arrabbiati, preoccupati, contrariati, avversi...) in presenza di un'emozione sgradevole, l'andare ad individuare il bisogno non soddisfatto che ne è la causa, permette di mettersi successivamente alla ricerca di una strategia per soddisfare lo stesso bisogno.

È fondamentale per la CNV riconoscere la mancanza di corrispondenza di causa/effetto tra lo stimolo esterno e il nostro bisogno.

Questo si può comprendere osservando che, la stessa azione compiuta dalla stessa persona, possa produrre in noi emozioni differenti a seconda delle situazioni, a volte piacevoli a volta spiacevoli.

L'esempio potrebbe essere nostro figlio piccolo che sputacchia il cibo: se siamo rilassati, abbiamo tempo e ci stiamo godendo il momento, questa cosa ci può rallegrare, far sorridere, far provare amore.

Se abbiamo appena pulito il pavimento, siamo in ritardo e siamo preoccupati di qualcosa, questo stesso gesto ci può far innervosire, far sentire provati e stanchi...

La differenza sta nei bisogni vivi nelle due diverse situazioni: la prima lo sputacchio soddisfa il nostro bisogno di tenerezza, gioco, amore, accudimento, la seconda non soddisfa il nostro bisogno di efficienza, puntualità, riposo, sostegno, ordine...

Ecco che non è responsabilità di nostro figlio, non è lo sputacchio del cibo a determinare il nostro stato d'animo, bensì è il bisogno che è vivo in quel momento a determinare il nostro sentimento. Questo comporta che ciascuno è responsabile delle proprie emozioni e del bisogno che (soddisfatto o non soddisfatto in una determinata situazione) le produce.

Tornando al nostro esempio, la coperta per terra è uno stimolo che ci produce un'emozione spiacevole, magari ci sentiamo stanchi, e questo perché in quel preciso momento il nostro bisogno di collaborazione e di ordine non è soddisfatto.

Non è nostra figlia (che non ha messo in ordine la camera) a farci sentire in quello stato (che ci ha resi tristi o affaticati), bensì è il nostro bisogno di ordine e collaborazione non soddisfatto in quel momento a procurarci quello stato d'animo.

Quindi in questo caso, la nostra frase in CNV sarebbe:

Quando vedo la coperta per terra mi sento triste e affaticata perché ho bisogno di ordine e collaborazione.

Fino a qui stiamo esprimendo cose che dipendono e si riferiscono esclusivamente a noi: osservo provo un'emozione e riconosco un bisogno soddisfatto o non soddisfatte e lo esprimo.

RICHIESTA/STRATEGIA

A questo punto si arriva alla quarta fase, in cui posso mettere in atto una strategia per prendermi cura del bisogno che non è soddisfatto. Ovvero:

chiedo a me stesso che cosa posso fare per prendermi cura del bisogno.

Importante **non confondere la *strategia* con il *bisogno***: io non ho bisogno di un cane, ho bisogno di gioco, di condivisione, di prendermi cura della vita... ecc. e il cane potrebbe essere una strategia adeguata per soddisfare questi bisogni.

Abbiamo tutti bisogno di cibo e possiamo scegliere fra mille strategie diverse (pizza, insetti, pillole, vegetariano, carne...) Al massimo potremmo dire che si tratta della **nostra strategia preferita.**

*Marshall Rosenberg sostiene che **"Qualunque conflitto si crea a livello delle strategie, non ci sono conflitti a livello dei bisogni, perché i bisogni sono tutti compatibili."***

Il 4° punto è dunque una richiesta all'altro, nel nostro esempio potrebbe essere:

Quando entro e vedo la coperta a terra, i vestiti usati arrotolati sulla tua sedia e la tazza di ieri sulla scrivania, mi sento stanca e dispiaciuta, perché ho bisogno di collaborazione di armonia di ordine di aiuto.

Ti va di rimettere la coperta sul letto mettere i vestiti usati nella cesta della roba sporca e di mettere la tazza in lavapiatti quando scendi per cena?

In questo esempio ho scelto di prendermi cura del mio bisogno di ordine e collaborazione chiedendo a mia figlia se è disposta a fare delle cose precise.

Come si fa una richiesta in comunicazione empatica:

- ✓ Chiedere in positivo
- ✓ Chiedere ciò che vogliamo, non ciò che non vogliamo (Ti va di buttarsi vestiti nella cesta e non Ti va di non lasciare in giro i vestiti sporchi. Vorrei che ti mettessi a sedere e vedere il film con me e non Smetti di dare i calci a tua sorella e lui le dà uno schiaffo)
- ✓ Nel presente: Ti chiedo ora se sei d'accordo di fare qualcosa.

Magari di fare qualcosa in un secondo tempo, l'importante è che io te lo chieda al presente (non condizionale o futuro) in modo che tu mi possa rispondere ora sì o no: Ti va di portare a lavare la macchina domani? e non Ti andrebbe di portare la macchina a lavare domani?

- ✓ Concreto e specificato: Ti va di finire quello che stai facendo e ti sedessi cinque minuti con me che ti voglio dire una cosa? e non Vorrei che tu mi ascoltassi di più
- ✓ Richiesta e non pretesa: Ti va di, sei disposto, sei d'accordo... con punto di domanda.

Ricordiamo che l'obiettivo è la connessione, non di far fare all'altro quello che vogliamo noi.

In concreto, nella richiesta deve essere contemplata la possibilità che l'altro ci dica di no. Se non siamo disposti a ricevere un no alla nostra richiesta, significa che per noi è una pretesa.

Ci sono 3 tipi di richieste:

La richiesta d'azione: Voglio chiedere all'altro di compiere un'azione: Ti va di mettere la coperta sul letto, mettere i vestiti sporchi nella cesta del bucato…

La richiesta di verifica: Voglio verificare cosa è arrivato dall'altra parte: Quando vedo.. mi sento stanca perché ho bisogno collaborazione, ti va di dirmi cosa mi hai sentito dire?

La richiesta di connessione: Chiedere all'altro come si sente (non cosa pensa!): Come ti senti quando ti dico così?

Dare empatia a me stesso può chiarire qualcosa nell'altro

Come ascoltare le mie richieste, l'auto empatia è la connessione con se stessi.

I passi sono gli stessi:

O osservo cosa hanno detto e fatto gli altri, **S** di fronte a ciò io mi sento in un tal modo, **B**

perché ho bisogno di **R** coso posso fare per soddisfare questo bisogno?

QUANDO I MIEI BISOGNI NON SONO SODDISFATTI

Si esercita in quei momenti in cui non siamo interessati a connetterci con l'altro, a comprenderlo mentre siamo invece interessati a sapere come stiamo noi. Dando un nome al nostro bisogno insoddisfatto possiamo individuare mille strategie per soddisfarlo, che non necessariamente includono l'altro, si apre un momento creativo che ci trasforma da vittima a responsabile.

Apro un'altra parentesi per declinare la distinzione tra vittima e responsabile in coaching:

In coaching si dive che chi si muove nel paradigma vittima attribuisce all'esterno la soluzione di una problema e di conseguenza non potrà esserne parte delle soluzione mentre chi si muove nel paradigma responsabile, abile a rispondere, formula delle domande a partire da se stesso.

Questo cambia l'energia della relazione con se stessi e di conseguenza con gli altri: invece di considerare l'altro responsabile e noi stessi vittima (non posso farci niente), diventiamo creatori di una strategia. Lo smettere di pensare che l'altro abbia torto e il connetterci con il nostro bisogno trasformano immediatamente l'energia con noi stessi, ci restituisce potere e libertà, insieme alla responsabilità.

RICHIESTA/PRETESA

Se percepiamo una pretesa, possiamo darci empatia per individuare cosa quella richiesta non ha soddisfatto. Possiamo allenarci a considerare comunque una richiesta, anche quando ci appare una pretesa: alle richieste possiamo sempre rispondere di no. Possiamo scegliere di sentire richieste invece che pretese

PRETENDERE DA SE STESSI

Lo stesso rischio di cadere in una pretesa lo possiamo correre con noi stessi, quando pretendiamo qualcosa, invece di chiederci se siamo d'accordo, permettendoci di rispondere sì o no, senza differenze.

Come ascoltare la richiesta dell'altro

QUANDO I BISOGNI DELL'ALTRO NON SONO SODDISFATTI

Si esercita verso l'altro, connettendosi all'emozione che si ritiene possa vivere l'altro e al bisogno che in quel momento potrebbe non essere soddisfatto. È un modo per permettere all'altro di entrare in connessione con sé, facendo chiarezza di già che prova, attraverso il nostro atteggiamento di connessione. Riguardo alla connessione con l'altro, Rosenberg propone l'esempio del surf: non possiamo condizionare l'onda, non sappiamo dove andrà o come si comporterà, possiamo cercare di restare on equilibrio sulla tavoletta. Come all'onda, ci rivolgiamo all'altro con un atteggiamento aperto, di domanda: non siamo certi di azzeccare, cerchiamo di connetterci mettendocela tutta per capire le sue intenzioni e possiamo sempre sbagliare, non sapendo in effetti con certezza che cosa stia provando l'altro. Se chiedo ad esempio 'sei triste e hai bisogno di ascolto?' l'altro risponde 'no! sono furioso perché voglio giustizia!' va benissimo, perché attraverso il mio tentativo di connessione, l'altro sente il mio desiderio di comprensione e questo avvia la danza empatica. Esprimendo la mia supposizione, permetto all'altro di fare chiarezza ed esprimere cosa prova. Essere nell'empatia significa non sapere dove stiamo andando, significa non avere un fine.

Quindi c'è l'obiettivo di connessione e di accompagnare l'altro a connettersi con sé, attraverso le domande e i tentativi di proporre sentimenti e bisogni provati. Siamo abituati ad essere chiamati a dare una soluzione, ad agire. Invece con la CNV è chiesto di 'essere presenti, di stare lì.

Ecco cosa limita la connessione:

1. Dare consigli
2. Sdrammatizzare
3. Educare/Correggere
4. Consolare
5. Raccontare la propria storia
6. Fare domande per ottenere informazioni (non sui sentimenti/bisogni)
7. Giudicare
8. Mostrarsi d'accordo
9. Non mostrarsi d'accordo

10. Interpretare

11. Prenderla sul personale

12. Cercare di risolvere il problema

13. Sarcasmo

Esempio: - "Odio fare questo compito, è noioso, non mi piace."

1. 'Perché non aspetti un po' e poi magari cambi idea?'

2. 'Cosa sarà mai, sono due domandine in croce!'

3. 'Questa materia è molto importante se vuoi andare all'università'

4. 'Eh, lo so poverino, la scuola a volte è noiosa'

5. 'Pensa che quando ero piccolo io si studiavano sempre e solo i classici!'

6. 'Che cosa ci trovi di noioso?''

7. 'Che sciocchezza, Dante è un classico e va studiato!'

8. 'Sono d'accordo, Dante non è mai piaciuto nemmeno a me'

9. 'Non sono d'accordo, Dante è il mio autore preferito

10. 'Stai soltanto cercando di evitare i compiti'

11. 'Devo essere un pessimo insegnante se non riesco nemmeno a rendere interessante Dante'

12. 'Come possiamo fare per rendere il compito più interessante?'

13. 'Oltre ad odiare tu non sai fare altro, ti chiameremo Mister Odio!'

Risposta esatta secondo la comunicazione empatica:

'Ti annoi mentre leggi Dante e ti stanchi a proseguire?

- 'Sì, e non è nemmeno scritto in italiano comprensibile

- 'Ti annoi e ti stanchi soprattutto quando leggi frasi in italiano classico?

- 'Sì, non riesco nemmeno a capirlo!

- 'Ti senti frustrato e hai bisogno di aiuto?

GRAZIE/PER FAVORE

Rosenberg sostiene che abitualmente gli esseri umani dicono esclusivamente:

GRAZIE/quando i bisogni sono soddisfatti

PER FAVORE/quando i bisogni non sono soddisfatti

Ovvero, invece di avere chiarezza di cosa avviene in noi, ragioniamo in termini di giusto/sbagliato, beneducato/maleducato, corretto/scorretto... eccetera. Come fare ad esprimere gratitudine e richiesta in CNV? Focalizzandoci su cosa ci soddisfa, sui nostri bisogni soddisfatti, tenendo a mente che uno dei bisogni umani è quello di contribuire alla vita.

Il motivo per cui si dice GRAZIE è quello di festeggiare il fatto che i bisogni sono stati soddisfatti.

È importante notare che sono soddisfatti i bisogni di entrambi: sia di chi riceve (vedendo soddisfatta la propria richiesta da parte dell'altro), sia di chi dà (il quale soddisfa il suo bisogno di contribuire). Non ci sono altri fini: non per aumentare l'autostima, non per incoraggiare una relazione positiva e proficua, non per essere equi o urbani. Mentre abitualmente siamo molto attenti ai bisogni non soddisfatti, lo siamo meno a quelli soddisfatti, **mentre continuamente abbiamo bisogni soddisfatti.**

Allenarsi a fare attenzione ai bisogni soddisfatti, aumenta la consapevolezza dei bisogni in generale, soddisfatti e non. Al grazie normalmente si risponde 'Non è nulla' 'Figurati' 'Dovere' 'Non c'è di che' 'L'avrebbe fatto chiunque', forse perché c'è un po' di paura nel ricevere un grazie (fa sentire in una posizione sbilanciata), forse per umiltà (non credersi meglio degli altri) e questo anche annulla la possibilità di festeggiare e di rendersi conto che abbiamo pari potere di contribuire e migliorare la vita.

ESPRIMERE IL GRAZIE IN CNV

✓ **O:** mettiamo in chiaro i fatti, cosa l'altro ha fatto per cui non ringraziamo

(rispettando le regole della CNV)

✓ **E:** esprimere l'emozione
✓ **B:** esprimere il bisogno soddisfatto

Questa sera ho trovato il tavolo apparecchiato al mio rientro e sono stata felicissima perché mi aiuta, per cui grazie!' Invece di dire. Sei stata bravissima!'

LO SHOW DELLO SCIACALLO

Quando proviamo rabbia, prima cosa attiviamo l'auto empatia e **godiamoci in silenzio lo Show dello Sciacallo** fiduciosi che ci porterà delle informazioni utili per individuare i bisogni. Quando proviamo rabbia, solitamente intendiamo che l'altra persona dovrebbe o non dovrebbe fare qualcosa. Sono arrabbiato non perché ho bisogno, invece perché penso che in qualche modo l'altro sia sbagliato faccia qualcosa di sbagliato. **Sono arrabbiato perché l'altro non è come vorrei io.**

Chiediamoci invece: come dovrebbe essere l'altro per andarmi bene?

LPer la CNV la rabbia e la depressione sono due emozioni particolari, diverse dagli altri sentimenti. Si considera che sia **causata dai pensieri** elaborati a seguito di uno stimolo scatenante. Ovvero **la rabbia non è un sentimento causato direttamente dal bisogno insoddisfatto, ma dal modo di pensare**, di considerare l'altro.

Come la punta di un iceberg, la rabbia è l'emozione che emerge e che in realtà è accompagnata da altresotterranee, più ampie e profonde che segnalano bisogni insoddisfatti, anch'essi sommersi. Analizzare la rabbia ci permette di individuare gli elementi per indagare i bisogni sommersi.

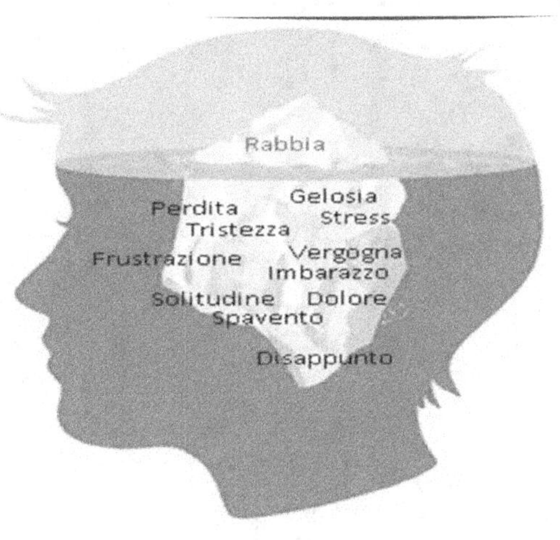

LA MIA RABBIA

Se mi sento confuso, ho bisogno di chiarezza Se mi sento spaventato, ho bisogno di sicurezza Se mi sento arrabbiato invece è legato ad un ragionamento, ad un giudizio, ad una considerazione (lui è ingrato, ingiusto, egoista, cattivo, incapace…) Individuato questo possiamo andare alla ricerca di quale nostro bisogno non è soddisfatto, chiedendoci, di cosa mi parla, quale mio bisogno non è soddisfatto da questo? Successivamente possiamo dedicarci a dare empatia all'altro.

- ✓ **1° VEDERLA**/Godersi lo show dello sciacallo
- ✓ **2° FATTO**/Individuare il fatto scatenante, lo stimolo oggettivo
- ✓ **3° PENSIERO**/Individuare quale pensiero l'ha causato, come vorremmo che l'altro fosse in realtà
- ✓ **4° EMOZIONI/BISOGNI**/Individuare emozioni e bisogni sommersi

Invece di allontanare, reprimere, superare la rabbia, la CNV suggerisce di utilizzarla per indagare il pensiero che la causa. Scoprire il pensiero che causa la rabbia permette di individuare il bisogno insoddisfatto, e questo ci dà la possibilità di modificare la RABBIA in altre emozioni, sul momento non riconoscibili perché sommerse.

- A mio figlio cade un bicchiere sulla tavola
- MI ARRABBIO (penso che sia distratto, maldestro)
- Sono sfinita (sento l'emozione sottostante)

- Ho bisogno di aiuto (individuo il bisogno)

Indispensabile per la CNV è di accogliere e far fluire la rabbia, godendoci lo show dello sciacallo e utilizzando. Scusarsi e basta sarebbe un'occasione sprecata, oltre che rivelarsi inutile: non avremmo aggiustato nulla e perso l'occasione di comprendere il bisogno.

LA SUA RABBIA

Quando siamo di fronte ad una persona arrabbiata, la CNV insegna a iniziare a darsi auto empatia, dopodiché si può decidere se esiste la disponibilità a dare ascolto all'altro. Se c'è disponibilità a dare empatia, lo scopo non sarà quello di calmare, piuttosto quello di rispondere al nostro bisogno (di armonia, di pace, di trovare una soluzione…). Tentare di calmare l'altra persona otterrebbe effetto contrario: aumenterebbe la rabbia perché mancherebbe l'ascolto.

I passaggi sono gli stessi ma non gli esprimiamo voce.

Si applicano i soliti 4 Passi anche se non si esprimono.

NON TI PAGO! (persona arrabbiata che sbraita questa frase)

O: Ti chiedo di pagarmi ad ottobre e tu mi dici di no

Invece di collegarci al motivo scatenante (la mia richiesta di pagamento), andiamo dritti al bisogno.

B: hai bisogno di aiuto e mi stai chiedendo uno sconto o una dilazione?

Anche se la nostra proposta non corrisponde perfettamente è molto probabile che la persona cambi tono e abbia voglia di chiarire e spiegare a sua volta, cambiando atteggiamento.

Questo perché si trova di fronte ad una persona che ha dimostrato interesse per il suo bisogno. Come posso intendere ciò che dice l'altro non come una critica, piuttosto come una sua espressione? Come posso interessarmi alla persona che mi sta parlando?

UN NO DUE SI

Nel linguaggio abituale dire o ascoltare un **NO** blocca, taglia, interrompe, sia pronunciato da noi, che dall'altro. È così significativo che a volte si rinuncia a fare una richiesta allo scopo di evitare di ricevere un no, o viceversa si evita di rispondere no ad una richiesta, per soddisfare il bisogno di connessione.

A quale bisogno viene detto di sì quando si esprime un no?

Infatti si dice no, perché si sta dicendo sì a qualcos'altro, e avere la chiarezza a cosa stiamo dicendo sì aiuta a comprendere.

Il NO è una risposta ad una strategia.

Non è mai un NO ad un bisogno, questo perché, ricordiamolo, i bisogni sono compatibili e condivisi con tutta l'umanità. I NO non devono dunque essere in contrapposizione, perché significherebbe contrapporre una strategia ad un'altra strategia, il che comporterebbe necessariamente lasciare almeno un bisogno insoddisfatto. Inutile tentare di soddisfare un NO in barba ad un altro, la CNV indica la necessità di individuare i bisogno sottostanti e a trovare una nuova strategia che li soddisfi entrambi, in modo da ottenere due SI. Confido nella possibilità di trovare altre strategie, tenendo conto del mio bisogno insieme a quello dell'altro.

Mi porti a Napoli?'

Do empatia ai bisogni dell'altro

O: Osservo...

S: Ti senti...?

B: Perché hai bisogno...? R: ti piacerebbe?

'Dato che vuoi andare a Napoli e non sai guidare, mi stai chiedendo di portarti?'

Mi collego ai miei bisogni che mi impediscono di fare quello che l'altro mi chiede e li esprimo concludendo con una richiesta all'altro.

O: Osservo...

S: Mi sento...

B: Perché hai bisogno di... R: ti piacerebbe.....

'Quando mi chiedi di portarti a Napoli e io ho ospiti a casa, ho bisogno di fare ciò che ho programmato, possiamo trovare se sei d'accordo qualcun altro?' Oppure altra strategia…

Lo scopo della CNV è capire i bisogni vivi, non quello di far fare all'altro ciò che noi vogliamo.

EMPATIA: Dal greco en-pátheia, indica la capacità di entrare in contatto, di comprendere, un sentimento altrui, escludendo l'esserne d'accordo o in disaccordo. Diverso da SIMPATIA sym-patéo, provare le stesse emozioni, essere d'accordo con l'altra persona. Diverso da CONFLITTO, provare emozioni opposte, non essere d'accordo

Marshall Rosenberg sostiene che: **"Alla base di ogni conflitto c'è un bisogno non soddisfatto".**

CONCLUSIONI

Possiamo impegnarci al massimo con la nostra forma espressiva, impiegare la CNV al meglio che sappiamo fare e ciononostante potremmo ricevere risposte inattese o indesiderate, le risposte dell'altro non sono assolutamente controllabili.

Non c'è nessuna garanzia che le nostre parole, anche se espresse in un determinato modo, portino ad un risultato certo: questo dipende dall'altro su cui non abbiamo nessun tipo di potere.

Essere consapevoli di questo fatto ci aiuterà a **non esprimere pretese** e a non dimenticare lo scopo della CNV, **capire i bisogni vivi e non quello di far fare all'altro ciò che noi vogliamo.** Allo stesso tempo, pensare che per ottenere risposte coerenti e creare la connessione che desideriamo, basti impegnarsi in una comunicazione rispettosa e responsabile, escludendo pretese, imposizioni e pregiudizi... può creare un'illusione dolorosa.

Perché ciò che arriva dall'altra parte e responsabilità dell'altro: non abbiamo il potere di modificare o di condizionare in alcun modo ciò che arriva dall'altra parte.

L'unico potere esercitabile è quello su di noi, non abbiamo potere sulle altre persone e viceversa. Non va tuttavia dimenticato che **ciascun individuo ha esclusivamente l'autorità per se stesso per quel che riguarda l'individuazione di emozioni e bisogni**: nessuno può sapere come si senta o cosa provi l'altro, nessuno può dire qualche bisogno sia vivo in lui, possiamo solo metterci nella disponibilità di intenderli, di comprenderli e di parteciparvi.

Non c'è giusto o sbagliato, non c'è meglio o peggio, per la CNV ci sono bisogni soddisfatti o bisogni non soddisfatti.

Studiando e mettendo alla prova questo nuovo modello comunicativo ci si imbatterà in modo naturale e spontaneo con le abitudini e le difficoltà che comporta il cambiare le abitudini.

Per la CNV ogni obiezione, dubbio, resistenza è motivata da un bisogno non soddisfatto e si tratterà di mettersi nella condizione di essere aperti a riconoscerlo, individuarlo e trovare una soluzione per soddisfarlo. L'allenamento sarà indispensabile: come un'onda, il processo comunicativo andrà e tornerà, si svilupperà andando ad ogni ondata, sempre più in profondità e sempre più in coerenza e efficacia.

Quindi è richiesta l'autenticità di esprimere ciò che si prova e di esprimerlo senza una critica e senza una pretesa in mondo da stimolare nell'altro la voglia di contribuire. Possiamo impegnarci al massimo con la nostra forma espressiva, impiegare la CNV al meglio che sappiamo fare e ciononostante potremmo ricevere risposte inattese o indesiderate, le risposte dell'altro non sono assolutamente controllabili.

Non c'è nessuna garanzia che le nostre parole, anche se espresse in un determinato modo, portino ad un risultato certo: questo dipende dall'altro su cui non abbiamo nessun tipo di potere. Essere consapevoli di questo fatto ci aiuterà a **non esprimere pretese** e a non dimenticare lo scopo della CNV, **capire i bisogni vivi e non quello di far fare all'altro ciò che noi vogliamo.**

Allo stesso tempo, pensare che per ottenere risposte coerenti e creare la connessione che desideriamo, basti impegnarsi in una comunicazione rispettosa e responsabile, escludendo pretese, imposizioni e pregiudizi… può creare un'illusione dolorosa. Perché ciò che arriva dall'altra parte e responsabilità dell'altro: non abbiamo il potere di modificare o di condizionare in alcun modo ciò che arriva dall'altra parte. L'unico potere esercitabile è quello su di noi, non abbiamo potere sulle altre persone e viceversa.

Per contribuire alla connessione, lascio andare tutte le strategie che ho in testa: contatto il bisogno e solo a quel punto individuo quale strategia è adatta, con creatività